Vanhaa ja uutta

”Taivasten valtakunta on peltoon kätketyn aarteen kaltainen, jonka mies löysi ja kätki; ja siitä iloissaan hän meni ja myi kaikki, mitä hänellä oli, ja osti sen pellon.” Matt. 13:44

”Niin on jokainen kirjanoppinut, joka on tullut taivasten valtakunnan opetuslapseksi, perheenisännän kaltainen, joka tuo aarrekammiostaan esille uutta ja vanhaa.” Matt. 13:52

Terttu Lajunen

Vanhaa ja uutta

Muistiin merkittyä

© Terttu Lajunen 2016
Kustantaja: Books on Demand GmbH, Helsinki, Suomi
Valmistaja: Books on Demand GmbH, Norderstedt, Saksa

ISBN 978-952-498-253-5

Lukijalle

Seuraavia kirjoitelmia alkoi aikoinaan tulvia rinnatusten laulujen kanssa, eivätkä ne liity mihinkään tiettyyn aikaan, paikkaan tai henkilöön.

Ilmeisesti yhteiseksi tarkoitettuja lahjoja ei enää pitäisi jättää unohduksen kaivoon. Nyt on oikea aika tarjota pieniä palasia eteenpäin, lukijalle niiden mukana siunausta toivottaen.

Olisin kiitollinen palautteesta.

Jyväskylässä maaliskuulla 2016

Terttu Lajunen
terttu.lajunen(at)gmail.com

"- - mutta koetelkaa kaikki, pitäkää se, mikä hyvää on."
(1. Tess. 5:21)

Elämän tarkoitus

Jumalan täysihoidossa

Jumala kutsuu

Armon alla

Jumalan teot

Jeesus on Herra

Kylväkää Hengessä

Rakentakaa älkääkä rikkoko

Hän tulee sinua vastaan

Viinitarhan perustaminen

Laki ja Henki

Tuli on syttynyt

Palatkaa rauhaan

Jumala on armollinen

Rakkauden monet kasvot

Sanojen ja vaikenemisen viisaus

Herra näkee ja kuulee

Seuraa Jeesusta

Vuorella

Tutki itseäsi

Ikäkaudet

Katsokaa Hänen tekojaan

Riisuminen

Avoin ovi

Sanan kautta ja sen varassa

Ihmeellinen Jumala

Kaiken tietävä Jumala

Sanassa on voima

Kuka on sinun Jumalasi?

Etsi johdatusta Raamatusta

Hän tuntee sinut

Rakkauden mitalla

Missä milloinkin

Säv. ja san. Terttu Lajunen

1.Sil-loin on ih-mi-nen on-nel-li - nen, kun hän on löy-tä-nyt tar-koi-tuk - sen:
2.Ai - na ei kui-ten-kaan au-rin-ko näy, laak - so - jen poh-jal - le kul-ku kun käy.

min-ne-kä mil-loin-kin e-lä-mä vie, suo-ra ja sel-vä on tie.
Myrs-ky myös pil - vi - ä tai-vaal - le toi, pi - me-ä yl-lät-tää voi.

3.E - rä-maan kes-kel-lä voi-mi-a saan, hie-kas-sa läh-de kun on tul-vil-laan.

Mat-kaa-ni jat-kan jos kom-pas-tun - kin, sor-ru en tais-te-lui - hin,

sor-ru en tais-te-lui - hin.

Pil-vis-sä tuu-li soit - taa, sä-vel-mä i-ha-na on.
© T. L.

8

Pi - me - än var - jot voit - taa sä - tei - ly au - rin - gon.

Il - ta kun on, le - vä - tä saan, y - lit - se yön jään nuk - ku - maan. Aa - mul - la

jäl - leen kut - su - taan tie - tä - ni tai - val - ta - maan, tie - tä - ni tai - val - ta -

maan.

1
Silloin on ihminen onnellinen,
kun hän on löytänyt tarkoituksen:
minnekä milloinkin elämä vie,
suora ja selvä on tie.

2
Aina ei kuitenkaan aurinko näy,
laaksojen pohjalle kulku kun käy.
Myrsky myös pilviä taivaalle toi,
pimeä yllättää voi.

3
Erämaan keskellä voimia saan,
hiekassa lähde kun on tulvillaan.
Matkaani jatkan jos kompastunkin,
sorru en taisteluihin.

Pilvissä tuuli soittaa,
sävelmä ihana on.
Pimeän varjot voittaa
säteily auringon.

Ilta kun on, levätä saan.
Ylitse yön jään nukkumaan.
Aamulla jälleen kutsutaan
tietäni taivaltamaan.

Ke 27.1.2016, nro 2534

Elämän tarkoitus

Sinä olet Herran oma, verellä lunastettu, kallis sielu. Jumala pitää omastaan huolen eikä salli sinun hukkua tuuleen.

Ole luja ja rohkea äläkä masennu, sillä tämä aika on paha. Katso Jumalan Karitsaan, ja henkesi saa voimaa ja valoa. Pimeys ei sokaise silmiäsi yölläkään, kun lampussasi palaa Herran lahjoittama pyhä öljy. Voit kulkea hapuilematta aamuruskoa kohti ja kutsua muita samalle tielle.

Rukoile, että näkisit paremmin ja että uskosi vahvistuisi. Et elä itseäsi varten, vaan Herralle ja lähimmäisillesi, joita tiellesi lähetetään. Mikään elämässäsi ei ole sattumaa, vaan Jumalan suunnitelman toteutumista. Tärkeää on, että kuuntelet ja tottelet Herran ääntä, jolle Hän on avannut korvasi. Jeesuksen veren suoja on annettu erottamaan sinut maailmasta ja vihollisesta. Pidä huulillasi Jeesuksen nimi ja turvaudu siihen hädän tullen. Hänen voittonsa on sinunkin voittosi.

Jumala on luonut sinut itseään varten ja haluaa toteuttaa tahtoaan kauttasi. Siinä on elämäsi syvin tarkoitus. Palvele Herraa iloiten pienistäkin tehtävistä. Kaikki tähtää samaan päämäärään: jouduttaa Jumalan valtakunnan tuloa maan päälle. Yksi ja sama on silloin kaikkien Herra: Jeesus Kristus, Jumalan ainoa Poika. Hän on sinunkin Vapahtajasi.

Jumalan täysihoidossa

Jumala johdattaa vain siihen, mikä on hyvää ja oikein. Kun Häntä rukoilet neuvonantajaksesi, Hän vastaa sinulle. Jeesuksen veren suojassa olet täydessä turvassa, niin kuin sotilas rautahaarniskan sisällä, jossa ei ole yhtään suojatonta kohtaa.

Kuuntele Herraa ja pysy kiinni sanassa, jonka Raamattu lahjoittaa. Siinä kaikki, mitä hengelliseksi ravinnoksi tarvitaan. Herra pitää sinusta huolen myös erämaavaelluksen aikana, eikä elävä vesi pääse loppumaan, kun pyydät sitä lisää.

Heitä murheesi Herralle, Hän on ne luvannut kantaa eikä petä lupaustaan. Ota vastaan vapaus, rauha ja ilo, joita maailma ei voi antaa ja joista vain Jeesuksen seuraajat saavat nauttia. Voit kiittää myös ahdistuksista, kun tiedät niiden olevan Jumalan sallimia. Ei Hän ketään kiusaa, mutta kasvattaa ja kurittaa tarpeen tullen. Sinulta ei puutu mitään, kun olet Hänen täysihoidossaan. Jumalan rauha on kaikkea ymmärrystä ylempi. Rukoile sitä myös läheisillesi, sillä esirukous ei ole turhaa.

Jumala kutsuu

Ihminen on jumalallista alkuperää, hänessä on tekijän jalo leima lähtemättömänä. Vihollinen tietää sen ja koettaa parhaansa mukaan saada aatelismerkin piilotetuksi. Usein se hyvin onnistuukin, mutta vain näennäisesti. Jeesuksen veri voi kaiken puhdistaa. Ei Herra omaansa turhaan merkitse.

Ihmisessä on ikään kuin hakulaite, jonka välityksellä Luoja voi omaansa kutsua mistä tahansa maailman kolkasta. Ihmiselle on kohtalokasta, jos hän merkin kuullessaan sulkee vastaanottimen. Se hänen on mahdollista tehdä, ja silloin Luoja antaa hänen mennä menojaan, koska ihmisellä on jo syntymässä saatu vapaa tahto.

Älä mene pois Luojan läheisyydestä, vaan päinvastoin hakeudu Hänen luokseen. Siihen sinulla on oikeus, ja sinua varten Hänen kätensä ovat lävistetyt. Älä pidä halpana Hänen armoaan, sillä se on maksanut suunnattoman paljon Jumalalle ja Hänen Pojalleen Jeesukselle. Armo on sinua varten, ota se vastaan, sillä se on paras lahjasi tässä elämässä, rahalla mittaamaton. Vaikka omistaisit koko maailman kaikkine rikkauksineen, ei armo olisi silläkään ostettavissa. Nuo aarteet olisivat armon rinnalla vain katoavaa hiekkaa, joka taivaan tuulissa hajoaa olemattomiin.

Herra kutsuu sinua tänään ja odottaa syli avoimena voidakseen pestä sinut puhtaaksi synneistäsi. Huomaa tämä kutsu äläkä siirrä tuloasi huomiseen. Et tule koskaan yhtään valmiimmaksi, mutta kelpaat sellaisena, kuin nyt olet.

Jeesus rakastaa sinua, tuhlaajalapsi, joka olet tullut Herran eteen. Armo on sinun, ota ja omista se uskossa. Uskokin sinulle annetaan, mitään ei vaadita. Ainoastaan rukoile Jeesusta tulemaan sydämeesi. Muuta sinulta ei kukaan odota. Sen voit tehdä hiljaa itseksesi, mutta jos teet sen ääneen, niin sinun saattaa olla helpompi uskoa. Tapa ei ole oleellinen, vaan sydämen asenne.

"Kaikille, jotka ottivat Hänet vastaan, Hän antoi voiman tulla Jumalan lapsiksi." Pitäydy tuohon Raamatun sanaan, sillä se on yhtä totta kautta aikojen. Usko yhdistää sukupolvet. Kaikissa sukupolvissa jokainen, joka Herraa etsii, on Hänelle otollinen. Armo tekee kaiken mahdolliseksi, ja se on yllesi julistettu. Sinusta on tullut Jumalan lapsi silloin, kun armon olet ottanut vastaan, näyttänyt merkin Herralle suoraan. Puhu tästedes asioistasi enemmän Herralle kuin ihmisille.

Armon alla

Hengen uudistus on sama kuin sydämen uudistus. Ihmisen sydän on paha, mutta Jumala voi antaa sisimpään uuden hengen ja lihasydämen kivisen tilalle. Jeesus on luvannut teille Puolustajan, joka tulee Isän luota, ja Hän on teissä, jotka uskotte.

Uskon kautta otetaan vastaan armo ja sen siunaukset. Yksi niistä on se, että synti ei enää hallitse, koska ette elä lain, vaan armon alla. Katsokaa Jumalan Karitsaa, joka ottaa pois maailman synnin.

Jumalan teot

Hengen voiman vahvuutta ei voi kuvata sanoin eikä sävelin, mutta kaikki Hänen tekonsa ansaitsevat ylistyksen juuresta latvaan saakka.

Herra vahvistaa sanansa merkeillä niiden kautta, jotka Häntä seuraavat. Olkaa vähässä uskollisia, niin saatte kuulla sanomia, joita monet hämmästyvät. Älkää etsikö sensaatioita, mutta Jumalalle ei mikään ole mahdotonta.

Hän ei kiellä kiveäkään kukkimasta, jos Isän tahto on herättää niistä lapsia Aabrahamille. Mahdoton tulee mahdolliseksi, kun Herra lähettää Henkensä saviastiaan. Silloin kuolleetkin kiittävät Jumalaa Hänen teoistaan.

Jeesus on Herra

Herra on levittänyt telttamajansa erämaahan, että kansa voisi turvallisesti kokoontua aavikkosusilta suojaan. Hän vahvistaa Daavidin sortuneen majan ja korjaa sen repeämät. Kansa on pitkään vaeltanut ilman päämäärää elämässään, ja sen kulku on ollut raskasta hiekkamyrskyjen keskellä. Aurinkoa ei ole näkynyt päiväkausiin heinäsirkkaparvien tähden; myös kuu ja tähdet ovat pysyneet piilossa, eikä silloin suuntaa ole voinut tarkistaa.

Jumalan kello on lyönyt aikansa täyteen tämän kansan kohdalla. Herätyssoitot tihenevät, ja synnytyspoltot ovat alkaneet. Lapsi on tullut kohdun suulle. Rukoilkaa elävää Jumalaa, että Hän antaa voiman ja lapsi syntyy elävänä.

Tämä kansa tarvitsee uudestisyntymistä. Herra on luvannut sille kivisydämen tilalle uuden lihasydämen, ja sydänten tauluihin kirjoitetaan uusi kirjoitus: VERELLÄ PESTY, KARITSAN ARMOLLA SINETÖITY JUMALAN OMAKSI. Vihollisella ei ole koskaan valtaa Jumalan lapsen yli, sillä Herra on hänen väkevyytensä ja velkansa maksaja. Vihollisella ei ole osuutta Herran omaisuuteen.

Julistakaa Jumalan valtaa veriviholllisesta. Laulakaa kiitoslauluja Herralle, antakaa Pyhän Hengen puhua puolestanne ja teissä. Hän vahvistaa valtakuntansa, eikä sillä ole loppua. Hallitsijan valtikka korotetaan kunniaan yli kaiken, ja kaikkien on kumarrettava yhtä suurta Kuningasta. Jokainen pienimmästä suurimpaan tulee näkemään, että Jeesus on Herra.

Hiljainen todistaja

Säv. ja san. Terttu Lajunen

1

Joka hetki lähellä on armo Jumalan,
todistaja hiljainen poluilla maailman.
Vahvan käden ojentaa, kun kulku väsyttää;
tie kun mutkaan katoaa, niin odottamaan jää.

2

Miksi vielä epäilen ja voimaan turvaudun,
vaikka on jo vahvistettu päätös taistelun!
Kanssani on voittaja, hän vierelleni jää.
Armo aina lähellä - en toivo enempää.

Ke 11.11.2015, nro 2504

Kylväkää Hengessä

Te palvelette nyt Jumalaa Hengen uudessa tilassa ettekä lain vanhassa. Henki tekee eläväksi, ei liha mitään hyödytä.

Pankaa pois vanhat vaatteet ja pukeutukaa Kristukseen. Hän on aikojenne vakuus, avun runsaus, viisaus ja ymmärrys. Miksi vielä takerrut siihen, mikä on mennyt? Ei kyntäjän pidä katsoa taakseen, kun on laskenut kätensä aurankurkeen. Hänen pitää seurata auringon suuntaa, että osaisi tehdä suoran vaon.

Kristuksen varjo seuraa vierellännne ja karkottaa pahimman poltteen. Kylväkää hyvät siemenet hyvään peltoon ja antakaa niiden rauhassa asettua syvälle multaan. Katse ei niitä tavoita, mutta siellä ne ovat odottamassa kasvun alkua. Odottakaa Herran sadetta älkääkä turvautuko keinokasteluun. Jumala on voimallinen herättämään elämän kivensiruihinkin, jos ne on rukouksessa kylvetty.

Ilman Jumalaa ette voi mitään tehdä, mutta Hän on voimallinen. Jos Jumala on teidän puolellanne, kuka voi olla teitä vastaan? Pyhän Hengen lohdutus tulee runsaana omaksenne, ja saatte lohduttaa muita sillä lohdutuksella, jolla Jumala on teitä lohduttanut.

Tehkää niitä tekoja, joihin teidät on kutsuttu. Sitokaa haavoittuneita, rohkaiskaa masentuneita, holhotkaa heikkoja. Vapauttakaa vangit niistä kahleista, joilla saatana on heidät sitonut. Synnin orjat saavat vapautuskirjan, joka takaa pääsyn iankaikkiseen elämään.

Teidän Uhrilampaanne on teurastettu kertakaikkisesti. Älkää olko ihmisten orjia. Pitäkää se hyvä, mikä teille on annettu, ja ottakaa kehotuksesta vaarin, kun kuulette Hänen sanansa äänen. Ei Jumala ole kutsunut teitä saamaan ihmiskunniaa.

Rakentakaa älkääkä rikkoko

Jumalan tuli polttaa syvältä, ja tuuli puhaltaa lähellä maan pintaa. Kulovalkea vie mennessään aluskasvillisuuden, mutta ei pysty nielaisemaan vettä syvän ojan pohjalta.

Jumalan turviin suojautunut on varjeltuna kaikkina aikoina vaikeimmissakin tilanteissa, sillä mikään ei pysty tuhoamaan iankaikkisuuteen ostettua sielua.

Helvetin roviot palavat pitkin aikaa ja lähettävät kuvottavaa löyhkää ympäristöön. Se on kalman tuoksu kuolleille sieluille, mutta Jumalan tuntemisen tuoksu on elämäksi.

Jokainen levittää lähettäjänsä viestiä, sen, jonka asialla liikkuu. Ilosanoman tuojan jalat ovat suloiset, ja hänellä on rauhan viesti Rauhanruhtinaalta. Riitaan yllyttäjät ovat Jumalan vastustajan kätyreitä, jotka tahtovat eksyttää valitutkin kadehtimaan, ahnehtimaan ja eristäytymään ennakkoluuloihin.

Kun ihminen rikkoo, ei hän pysty itse kokoamaan sirpaleita, mutta kun Jumala särkee, Hän särkee särjettävän parhaaksi voidakseen eheyttää entistä vahvemmaksi.

Rakentakaa älkääkä rikkoko. Mutta jos rikottekin, pyytäkää Jumalalta eheyttävää armoa. Etsikää Hänen parantavan kätensä voimaa.

Uudistukaa mieleltänne. Se, joka on Kristuksessa, on uusi luomus.
"Hän tekee uutta. Nyt se puhkeaa taimelle. Ettekö sitä huomaa?"

Hän tulee sinua vastaan

Hän kutsuu sinua tässä tilanteessasi. Kuule Hänen ääntänsä ja seuraa Hänen johdatustaan, niin sinulla on hyvä alku jokaiseen päivään.

Mestari tuli aasilla ratsastaen vähäisenä ja vaatimattomana. Ei Hän saapunut torvea soitattaen eikä juhlafanfaarin kaikuessa omaan kaupunkiinsa. Jumalan Poika suostui alhaiseen köyhän ihmisen olemukseen, eikä Hänellä ollut paikkaa, mihin päänsä kallistaisi.

Samalla tavoin Hän voi tulla tänään. Hän tulee vastaasi hädänalaisessa ihmisessä, jonka ahdistus on ajanut neljän seinän sisälle ja jonka pelot ovat pauloittaneet verkkoon. Älä sulje oveasi keneltäkään, jonka Herra lähettää. Ei Hän tahdo, että elät vain itseäsi varten.

Jumala katsoo sydämeen ja valmistaa sen itselleen. Hänen Henkensä puhdistaa kaikki sopukat ja kirkastaa siulun ikkunat, niin että on mahdollista nähdä asiat oikealla tavalla. Herran antama näkökyky ei heikkene iän mukana, vaan kirkastuu samoin kuin vanhurskaan polku hänen kulkiessaan aamuruskoa kohti.

Katso ja näe. Et näe ellet katso, etkä koe, ellet koettele. Lähde liikkeelle valmistettuihin tekoihin. Saat voiman vain oman heikkoutesi kautta. Olet uusi luomus Kristuksessa. Älä katso itseesi, vaan Häneen, joka sinut loi. Kylve Hänen valossaan ja heijasta Hänen rakkauttaan.

Viinitarhan perustaminen

Miksi otat kantaaksesi niitä huolia, joita Herra ei sälytä päällesi. Paneudu uskollisesti yhteen asiaan kerrallaan ja valmistaudu sen jälkeen uuteen. Hän on järjestyksen Jumala eikä halua kaaosta sen paremmin vähäiseen kuin suureen.

Pysähdy kuuntelemaan Jumalan neuvoja, niin Hän ohjaa sinua. Rukouksen Henki valvoo yhteyttä Isän ja lapsen välillä. Rukoile lisää uskoa, että nämä voisivat alkaa tapahtua. Ota rohkea uskon askel, ei se ole järjettömyyttä. Jumalan hulluus on parempi kuin ihmisten viisaus.

Älä hellitä, vaan rukoile lakkaamatta. Anna sydämesi laulaa niitä lauluja, joita Herra antaa. Ne vahvistavat henkeä, sielua ja ruumista.

Tämä työprojekti on vielä yhdeltä osin suunnittelematta. Se on kuin maapalsta, jonka yhdessä kulmassa kasvaa villipensaita. Herra tahtoo ottaa käyttöönsä koko alueen ja tehdä siitä kukoistavan viinitarhan. Rukoilkaa lisää työmiehiä, sillä yksin ette jaksa.

Herra pitää pystyssä sen huoneen, jonka perustukset ovat Hänessä. "Jos Herra ei huonetta rakenna, niin sen rakentajat turhaan vaivaa näkevät." Tuokaa täydet kymmenykset varastohuoneeseen. Hän siunaa jokaisen uhrin ja antaa satoa satakertaisesti. Hyvä puu tuottaa hyvää hedelmää, ja sato kypsyy sopusuhtaisesti, kun on sen aika.

Rukoile elon Herraa. Pyydä Häneltä viisautta ja rohkeutta. Hän on kutsujasi eikä kadu kutsumistaan. "Te ette valinneet minua, vaan minä valitsin teidät." "Pitäkää huoli siitä, ettei kukaan jää osattomaksi Jumalan armosta."

On eduksi, jos tätä työtä voidaan tehdä hiljaisuudessa ja rauhassa, sivussa ihmisten katseilta. Jumala palkitsee vaivat. Älkää odottako kiitosta ihmisiltä, edes toisiltanne. "Toinen toisenne kunnioittamisessa kilpailkaa keskenänne."

Kun tarttuu auraan, ei pidä ruveta katselemaan ympärilleen, vaan pitää kyntää siinä paikassa ja sillä säällä, joka on tässä ja nyt.

Älkää alistuko vihollisen määräysvaltaan älkääkä kuunnelko kätyreiden uutisia. Ne rajat ovat rikkomista varten. Vihollinen kieltää tulemasta omalle maaperälleen, mutta te menette sinne Herran voimassa ja voitelussa. Pukeutukaa hengelliseen sota-asuun ja kiinnittäkää sydämenne Jeesukseen Kristukseen, joka on aikojenne vakuus ja velkanne maksaja.

Myrskyn merkkejä on aina ympärillä, mutta pahin ei ole vielä alkanut. Herra tahtoo kuitenkin rohkaista: "Kun nämä alkavat tapahtua, niin rohkaiskaa itsenne ja nostakaa päänne, sillä teidän vapautuksenne on lähellä." (Lk. 21:28) Herra lähettää soturinsa sinne, missä on kiivain taistelu. Älkää pelätkö sotien melsettä, sillä Hän on kanssanne. Jumalan tulia on sytytettävä vielä moniin syrjäkorpiin, joiden asukkaat eivät ole kuulleet evankeliumia. Sanansaattajat vievät räjähdysainetta ja virittävät sytytyslankoja, että Jumalan sanan "dynamiitti" saisi kaataa maahan vihollisen linnoituksia.

Laske kustannukset

Säv. ja san. Terttu lajunen

Vain har - voin aar - tei - ta löy - tää saa, ne pel - toon kät - ket - ty

on. Myös kau - an hel - mi - ä saa ka - las - taa, kun me - ri on ran - na - ton. Myös

kau - an hel - mi - ä saa ka - las - taa, kun me - ri on ran - na - ton.

Sen täh - den tut - ki, tar - kas - ti mie - ti, min - ne verk - ko - si viet. Ja

kus - tan - nuk - set en - nal - ta las - ke, tut - ki oi - ke - at tiet. Aar - teen - sa kal - leim - man

kät - kee maa, to - mu on ki - mal - ta - vaa. Sy - vyy - den poh - jal - la o - dot - taa

hel - mi - kin ka - las - ta - jaa, sy - vyy - den poh - jal - la o - dot - taa hel - mi - kin ka - las - ta -

jaa.

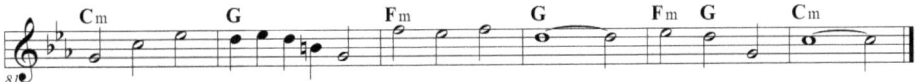

Vain harvoin aarteita löytää saa,
ne peltoon kätketty on.
//Myös kauan helmiä saa kalastaa,
kun meri on rannaton.//

Sen tähden tutki, tarkasti mieti,
minne verkkosi viet.
Ja suunnitelmat ennalta laske,
etsi oikeat tiet.

Aarteensa kalleimman kätkee maa
- tomu on kimaltavaa.
//Syvyyden pohjalla odottaa
helmikin kalastajaa.//

Ti 8.7.2014 klo 11, nro 2233

Laki ja Henki

Henki tekee eläväksi, ei lain noudattaminen yksin hyödytä. Eläkää Hengen uudessa tilassa. Laki vain kuolettaa, mutta ymmärtäkää, millainen on lain henki.

Jumalan tahto on, että panette pois vanhan ihmisen ja pukeudutte uuteen. Ennen kaikkea pukeutukaa rakkauteen lähimmäistä kohtaan, sillä rakkaus on lain täyttymys. Kantakaa toistenne kuormia, niin täytätte Kristuksen lain.

Laki on annettu suojaksi eikä kuormaksi, mutta monet kokoavat sen yksityiskohdista raskaita taakkoja, joita itsekään eivät jaksa kuljettaa mukanaan. He käsittävät väärin lain hengen.

Jumalan sana ei koskaan lyö ihmistä väärällä tavalla. Herra kurittaa kohtuudella ja rakkaudessa. Mitä tapahtuu lapselle, jota ei ojenneta? Hän kasvaa kurittomuuteen, ja itsekkyys saa vallan hänen heikkoudessaan, koska sydän ei ole saanut vahvistua koetusten kautta. Kuriton lapsi on häpeäksi vanhemmilleen, jotka Jumala on pannut käskyjensä juurruttajiksi ja evankeliumin eteenpäin viejiksi uudelle sukupolvelle.

Jumalan laki on pyhä, eikä se ole missään vaiheessa vanhentunut. Ikuiset totuudet kestävät alusta loppuun.

Seuratkaa niiden jalanjälkiä, jotka ovat kulkeneet ennen teitä. Katsokaa muinaisia polkuja ja oppikaa niistä. Esi-isien siunaus periytyy kautta sukupolvien ensimmäisestä viimeiseen. Siunatkaa lapsianne ja muistakaa myös tulevia sukupolvia rukouksissa.

Jumala on ikuisesti sama, ja Hänen sanansa pysyy polvesta polveen.

Tuli on syttynyt

Jumalan tuli on lähetetty alas taivaasta niiden luo, jotka tottelevat Herran ääntä. Hän on kuluttavainen tuli, jonka kuumuudessa turha ja ylimääräinen sulaa pois, jolloin ydin jää jäljelle. Tapahtuu niin kuin atomireaktorissa, jonka rakenne on suurimmalle osalle ihmisistä tuntematon. Samoin on Jumalan salaisuuksien laita. Hän uskoo asioitaan vain kuuliaisille sieluille, ja jokainen heistä on pestävä Jeesuksen verellä.

Pitäkää astianne puhtaana, että olisitte kelvolliset täyttymään Pyhällä Hengellä, jonka Herra lahjoittaa. Olkoot lamppunne palamassa, sillä pimeys on suuri. Kirkastakaa mielenne totuuden sanalla, jonka löydätte Raamatusta. Ei Herra ole jättänyt teitä tietämättömäksi suunnitelmistaan.

Herra herättää uusia työntekijöitä niiden joukosta, jotka ovat itse olleet taistelukenttänä pimeyden ja valkeuden välillä. He ovat perillä vihollisen strategioista ja voivat siksi ymmärtää lähimmäisten ongelmia.

Palatkaa rauhaan

Ei teiltä oteta pois taustaanne, vaan te kasvatte siitä kuin juuri kuivasta maasta. Se, mikä on taakse jäänyt, ei enää pääse vahingoittamaan. Jumalan lapsen rauha on kaikkea ymmärrystä ylempi. Palatkaa siihen aina uudelleen silloin, kun vihollinen ei lakkaa raivoamasta. Siinä saavat uupuneet levätä. Hän on turvakallio, joka kestää kaikki räjäytysyritykset.

Todellinen Kristuksen seurakunta ei tunne maallisia rajoja, vaan ne kulkevat sydämien kautta. Arvioikaa itseänne älkääkä muita. Herra on kanssanne niin kuin väkevä sankari, eikä Hän lakkaa rakastamasta savilintujansa, jotka ovat saaneet elämän kipinän. Puhaltakaa pasunaan Siionissa ja julistakaa pyhä paasto. Herra on lähellä niitä, joilla on särkynyt sydän ja nöyrä mieli. Rukoussauvallaan Hän on musertanut sen, joka luuli jotakin olevansa.

Älkää itkekö sitä, minkä tuli on kuluttanut pois, sillä tämä kirkastaa jäljelle jäänyttä. Jumalan tuli ei sammu, ennen kuin se on tehnyt tehtävänsä. Kiittäkää Herraa siinä kuumuudessa, johon Hän on teidät asettanut, kuten tekivät Danielin kolme ystävää, joissa Herra kirkasti kunniansa. (Daniel 3)

Jumala on armollinen

Jumala on armollinen yksinomaan hyvyytensä tähden ja rakkaudessaan mittaamaton. Hänen uskollisuutensa ulottuu polvesta polveen, eikä Hänen rauhanliittonsa horju.

Mihin te Hänet vertaisitte? Ei löydy maan päältä, alta eikä yläpuolelta vertauskohdetta. Ja kuitenkin Herra ojentaa kätensä pienelle ihnmiselle merkiksi liitosta, jonka on solminut ihmissuvun kanssa.

Jo Aabrahamille Jumala teki lupauksen koko maailman pelastamisesta, ja Mooseksen välityksellä Hän antoi lakinsa, joka on hyvä, mutta jota ihminen ei pysty noudattamaan. Jeesus on lain täyttymys. Hänessä teillä on vapautus siitä, mistä itse ette ikinä olisi pystyneet vapautumaan. Rakkaus on täyttänyt lain. Elämän Hengen laki Kristuksessa Jeesuksessa on vapauttanut teidät synnin ja kuoleman laista.

Mitä nyt tähän sanotte? Puuttuuko vielä jotakin, vai mitä odotatte? Kaikki on Kristuksessa tehty täydelliseksi myös teidän osaltanne. Kääntykää, ellette vielä ole tehneet parannusta, että teidän syntinne pyyhittäisiin pois. Vaikk ne olisivat veriruskeat, tulevat ne lumivalkeiksi.

Täydellinen puhtaus on varattu sinullekin, joka koko elämäsi olet kylpenyt kuralätäköissä ja ylös päästyäsi aina uudelleen niihin kaatunut. Omassa voimassasi et tunne enää jaksavasi ottaa askeltakaan, mutta muista: Jumala on armollinen. Hän tahtoo viedä sinut verilähteelle, että saisi pestä pukusi ja koko olemuksesi yltä päältä. Kaiken Hän on valmis tekemään puolestasi. Sinun tarvitsee vain antaa Hänelle lupa.

Sano: "Tule sydämeeni, Jeesus. Tule minun Herrakseni. Tahdon seurata Sinua, sillä oma tieni ei ole oikea kasvojesi edessä. Anna anteeksi syntini, Sinun avullasi tahdon irtautua niistä. Anna minulle rakkautesi lahja ja aloita työsi heti. Tahdon noudattaa tahtoasi vapaasta sydämestä. Aamen."

Rakkauden monet kasvot

Sinä pysyt uskosi kautta. Pian on Danielin aika tulla ulos luolasta ja todeta vahingoittumattomuutensa. Herran käsi on ollut raskaana hänen päällään, mutta kuitenkin se on ollut siunaava käsi. Joita Herra rakastaa, niitä Hän myös kurittaa.

Herran rakkaus on kun kaste ruohikon yllä. Kastetta ei voi nähdä ruohonkorsissa, kun ne lepäävät pisaroissa, se kuuluu niiden aamuiseen olemukseen. Niin levätkää Jumalan rakkaudessa, jonka ilmentymät ovat monimuotoiset. Ensi näkemältä ei aina huomaa, että jokin asia olisi rakkautta ollenkaan, mutta kuitenkin se saattaa sisältää mitä syvimmän rakkaudenosoituksen taivaalliselta Isältänne.

Te olette samaa olemusta kuin Isä. Olette lähtöisin Hänen luovasta kädestään. Etteкö voisi rakastaa myös toisianne ja itseänne? Jumala lahjoittaa oman rakkautensa Kristuksen kautta niille, jotka sitä Häneltä pyytävät.

Sen suurempaa rakkautta ei ole kenelläkään, kuin että antaa henkensä toisen puolesta. Tekin olette tällaisen rakkauden satoa, ja tämän rakkauden varassa kristinuskon sanoma lepää eikä koskaan kuole. Risti kestää loppuun asti. Siihen kiinnittäkää silmänne, kuten Israelin lapset nostivat katseensa käärmeeseen erämaassa ja säilyttivät henkensä.

Te tarvitsette kiinnekohtia elämäänne, ette ette ajelehtisi päämäärättömästi sinne tänne. Etsikää sitä, mikä kestää. Jeesus on luvannut ilmoittaa itsensä niille, jotka vilpittömästi Häntä tahtovat lähestyä. Vieläpä Hän tulee sydämeenne asumaan Pyhän Hengen kautta.

Tuli ei sammu siltä rukousalttarilta, jonka ääressä Herraa huudetaan avuksi nöyrällä mielellä. Ei Herra katso teidän puutteitanne eikä virheitänne, ja synnit ovat teille anteeksi annetut Jeesuksen veren tähden, kun ne tunnustatte Hänelle ja lähimmäiselle, jota kohtaan olette rikkoneet.

Herra lähestyy rakkaudella, ja sitä osoittaa myös Hänen vihastumisensa. Älkää paaduttako sydämiänne. Itkekää parantavaa itkua, puhjetkaa huutoon niin kuin elävät kivet teitten varsilla. Itkupajut purojen suussa muistuttavat pelkällä olemassaolollaan pitkästä vankeudesta, jonka jälkeen koittaa vapaus.

Vielä vähän aikaa! Antakaa Jeesuksen ilosanoman tulla omassa elämässänne todeksi. Antakaa armon meren aaltojen huuhdella syntinne pois syvyyksiin, niin kuin meri syleilee rantahiekan puhtaaksi. Julistakaa Jumalan armotöitä, mutta ottakaa ensin itse vastaan rauhan evankeliumi. Silloin olette eläviä kiviä muurinhalkemassa ja muistutuksena jokaisella ohikulkijalle.

Herra rakastaa tätä kansaa. Puhukaa Jumalan etsivästä rakkaudesta, joka on vuodatettu sydämiinne Pyhän Hengen kautta. Isän, Pojan ja Pyhän Hengen nimeen. Aamen.

Sanojen ja vaikenemisen viisaus

Jolla on silmät, se nähköön, ja jolla korvat, kuulkoon. Vartija vartioikoon uskollisesti pyhäkön aarteita. Kenelle on paljon uskottu, siltä myös vaaditaan.

Viihtyykö varjo muualla kuin auringon rinnalla? Muistakaa oma asemanne ja pysykää Jumalan yhteydessä. Älköön kovin moni pyrkikö muita opettamaan, sillä Jumalan viisautta on vaieta oikealla hetkellä. Jumala alentaa yhden ja korottaa toisen, ja se herättää pahennusta niissä, jotka ovat sydämeltään vieraita ristin sanomalle.

Ihmissanojen vahingoittava myrkky on lähtenyt sielusi haavoista jälkiä jättämättä. Herra on nähnyt kaiken ja antanut anteeksi myös loukkaajillesi. Hänen armonsa koskee myös heitä, niin kuin se on tarkoitettu jokaiselle ihmiselle maan päällä.

Sano vain sana, niin vuori voi siirtyä toiseen paikkaan. Tämä on uskon tuntomerkki Raamatussa, ja silloinkin tuota uskoa tarvitaan vain sinapinsiemenen verran.

Jumala on uskon lahjoittaja: alkaja ja täyttäjä. Ei ihminen itse voi mitään ottaa, ellei hänelle anneta ylhäältä. "Usko ainoastaan", sanoi Jeesus synagoogan esimiehelle, "niin sinun tyttäresi paranee." Näin myös tapahtui, sillä se oli Herran sana. (Luukas 8:50)

Herra näkee ja kuulee

Ette voi tehdä yhtään hiusta mustaksi tai valkeaksi, vaan Herra on se, joka kaiken muuttaa. Hän on kanssanne yön pimeydessä ja päivän valkeudessa. Hän ohjaa teitä silloinkin, kun tieten tai tietämättänne olette Häntä paossa.

Ette voi kätkeytyä Jumalan silmiltä. Keritin purolla Hän ruokki Eliaa kaarneiden nokasta. Näin Hän saattaa viedä teidätkin yksinäisyyteen, että oppisitte tuntemaan Jumalan sanan voiman, kun muu on otettu pois. Hän elättää teitä nälän aikana.

Armo kantaa

Säv. ja san.Terttu Lajunen

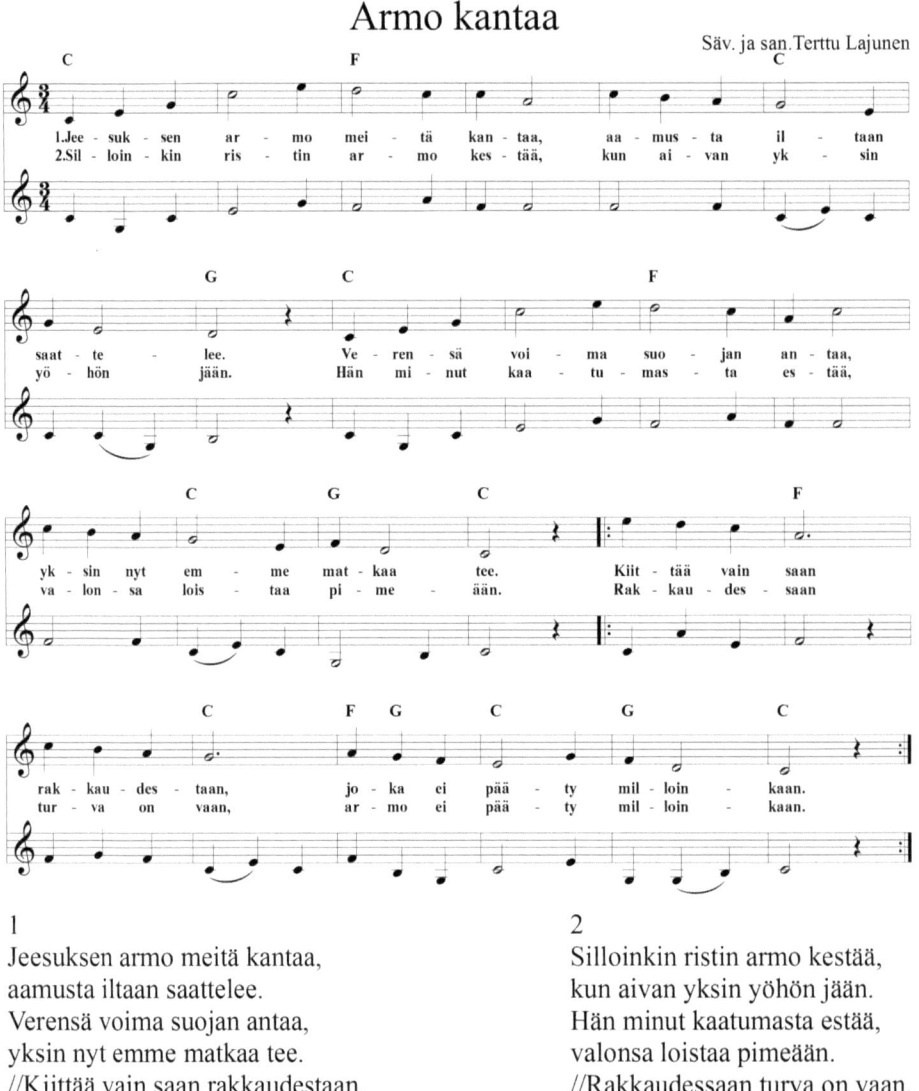

1

Jeesuksen armo meitä kantaa,
aamusta iltaan saattelee.
Verensä voima suojan antaa,
yksin nyt emme matkaa tee.
//Kiittää vain saan rakkaudestaan,
joka ei pääty milloinkaan.//

2

Silloinkin ristin armo kestää,
kun aivan yksin yöhön jään.
Hän minut kaatumasta estää,
valonsa loistaa pimeään.
//Rakkaudessaan turva on vaan,
armo ei päästy milloinkaan.//

Ma 6.8.1990, nro 158
Kirjassa Laululintu 1, s. 130
sanat myös venäjäksi

28

Seuraa Jeesusta

Etkö sinä antaisi käsiäsi ja jalkojasi Jumalan käyttöön? Hän ohjaa jokaista, joka Hänen varaansa heittäytyy. Anna henkesi Hänen käsiinsä, niin kuin Poika antoi henkensä Isälle.

Ei ihminen pelastu omilla töillään, eikä niitä lueta hänelle ansioksi. Ainoastaan Kristuksen uhri on riittävä lunastamaan sielun. Ole kuuliainen kutsumuksessasi äläkä poikkea siitä oikealle tai vasemmalle. Voima annetaan kutakin tehtävää varten erikseen. Älä väsytä itseäsi turhalla huolehtimisella, et voi hallita asioiden kulkua, niin kuin Jumala voi. Hän on rakkaus, luota Häneen.

Isä ja Poika ovat yhtä, ja Pyhä Henki on Jeesuksen Henki, joka kirkastaa Hänen nimeään. Ei kukaan voi uskoa, ellei Isä häntä vedä Pyhän Hengen kautta. Tämä kolmiyhteys on pyhä ja järjelle käsittämätön. Se on Jumalan salaisuus, jonka Hän on uskonut julistettavaksi sanansa kautta. Jokainen todellinen kristitty on saanut juoda Pyhää Henkeä tullessaan uskoon. Hän on saanut Pyhän Hengen lahjan, ja hänessä voi asua silloin Kristuksen täyteys. Pyhä Henki antaa rauhan levottomaan sydämeen.

Älä katso ihmisiin ja heidän odotuksiinsa, vaan Jumalaan. Hänen armonsa on ihmeellinen ja Hänen nimensä on ihmeellinen Neuvonantaja.

Hevosia ohjataan suitsilla. Suostu Pyhän Hengen valjastettavaksi niihin ohjaimiin, jotka ovat Herran kädessä. Älä anna ihmismielen orjuuttaa itseäsi. Ne, joita Jumalan Henki kuljettaa, ovat Jumalan lapsia. Saat vetää perässäsi raskaita vaunuja, mutta et näänny, vaan voimistut, sillä ne, jotka Herraa odottavat, saavat uuden voiman.

Jumalan rakkaus on vuodatettu ihmisten keskuuteen sitä varten, että he näkisivät Hänen tekonsa. - Viinipuu on istutettu sitä varten, että se tekisi hedelmää. Älkää antako oksien kuivettua, vaan kastelkaa maata juurien ympäriltä. - Seurakunta tarvitsee virvoitusta voidakseen kasvaa ja levitä uusille alueille.

Herran orjat ovat Jumalan vapaita. Vaalikaa vapautta ja antakaa Pyhälle Hengelle toimintavalta. Älkää korottako itseänne älkääkä toisianne, vaan Kristus olkoon kaikki kaikessa. Rukoilkaa niiden puolesta, jotka teitä vihaavat tai väheksyvät. Antakaa anteeksi jokaiselle, joka loukkaa Jumalan lähettämiä.

Jumalan Pyhä Henki ei toimi ihmisen käskystä, vaan seuraa Kaikkivaltiaan viittausta. Enkelit ovat palvelevia henkiä niitä varten, jotka saavat periä autuuden.

Herra lähettää teidät sinne, minne tahtoo, jos olette kuuliaisia. Seuratkaa Häntä, niin Hän tekee teistä ihmisten kalastajia suurella järvellä.

Vuorella
(laulu 341)

Vuoren päältä meri hohtaa, jossain tuolla pilvet kohtaa.
Alas katso laakson pohjaan, sinne askeleesi ohjaan.
Ota sauva, tielle lähde, mene kutsumuksen tähden.
Paikallasi yksin kestä, minkään äla anna estää.

Vuoren päällä olla saithan! Jälleen jaksat tietä kaitaa
noihin sokkeloihin mennä, jonne eivät kotkat lennä.
Heikot, huonot ottaa vastaan Hyvä Paimen ainoastaan.
Hänen kanssaan jaksat jatkaa pitkää, vaivalloista matkaa.

- -

"Sinun siipiesi suojassa minä riemuitsen." - Ei Jumala heitä pois suojaavan varjonsa alta ketään, joka tahtoo siellä yöpyä. Hän on suoja helteessä ja vahva turva myrskyssä. Yön kauhut eivät pelota sitä, joka kulkee Hänen sauvansa ulottuvilla. Jumalan sana ohjaa Herran perillisiä, eivätkä he eksy erämaassa.

Herran rauha ei merkitse sitä, ettei pinnan alla voisi olla kipua, vaan se tarkoittaa sydämen sopua Jumalan kanssa, suostumista Hänen rakkautensa kohteeksi. Älä kätkeydy Hänen neuvoiltaan äläkä pelästy, kun Hän sanansa antaa, vaikka se olisi mielestäsi epäsopiva. Ei Jumala odota niin paljon uhria kuin kuuliaisuutta.

Tutki itseäsi

Että voisi edistyä, on perustavista toiminnoista muutettava jotakin. Jumala ei anna Henkeä mitalla, mutta Hän on sitoutunut tiettyihin lainalaisuuksiin ja odottaa myös ihmiseltä niiden noudattamista. Pysähdy ja kuuntele. Älä ihmettele omaa tilaasi, vaan tartu rohkeasti Jumalan neuvoihin. Pane ne käytäntöön omakohtaisesti.

Niin kuin vesi laskuojan kautta ovat voimasi vuotaneet vähiin. Älä ihmettele sitä, vaan ymmärrä, että se on luonnollinen seuraus turhasta huolehtimisesta. Lepää Herrassa ja toimi vasta sitten. Ei Hän aja sinua takaa, vaan tahtoo, että pysähdyt. Pidä kiinni Hänen turvaköydestään. Se ei ole liian lyhyt eikä sido sinua väärällä tavalla.

Pidä huoli itsestäsi äläkä vaadi itseltäsi enemmän kuin jaksat. Voimasi ovat menneet vähiin, ja sinulla on oikeus levätä. Älä anna ihmisten lisätä kuormaasi suuremmaksi, kuin jaksat kantaa. Anna heille anteeksi. Et ole kiitoksen tarpeessa, saat palkkasi Jumalalta. Rukoile kärsivällisyyttä itsellesi ja lähimmäisillesi.

Älä turvaudu omaan ymmärrykseesi, vaan luota Jumalan neuvoon. Hänen sanansa ja lupauksensa ovat matkasauvasi. Kohota katseesi Herraan, etsi aina Hänen kasvojaan. Ei Hän enää kauan kätkeydy.

Et voi tehdä yhtään hiusta mustaksi tai valkeaksi. Joskus ihmiseltä otetaan pois kaikki mahdollisuudet muuttaa asioita. Ota siipiesi suojaan niitä, jotka lähetetään. Oma väsymyksesi on sitä varten, että tietäisit, miltä uupuneesta tuntuu. Kuitenkin sinua varjellaan niin, että kestät paikallasi. Älä pelkää, vaan ota takaisin se, minkä olet menettänyt. Tämä tarkoittaa voimien tasausta.
- -
Rukoilkaa, että ihmiset huomaisivat olevansa Jumalan kutsun ulottuvilla. Älkää estäkö lapsia tulemasta Jeesuksen luo. Armon ovi on auki sekä menijöille että tulijoille, ja heitä on paljon. Älkää vetäytykö pois Jumalan armosta omaksi vahingoksenne.

Tulkaa ja katsokaa! Ei Jumala anna Henkeä mitalla eikä katso ihmiseen.

Ikäkaudet

Kiitä silloinkin, kun tunteesi eivät siihen kehota. Ohjaa sinä niitä oikeaan suuntaan äläkä viivy kielteisissä mielialoissa. Tunne itseäsi paremmin, niin opit ymmärtämään myös muita. Hevosia ohjataan suitsilla, ja suurikin laiva ohjautuu pienestä peräsimestä. Ei ihminenkään ole mielialojensa armoilla. "Älköön synti hallitko teidän kuolevaisessa ruumiissanne, vaan hallitse sinä sitä."

Pitkäperjantain jälkeen tulee pääsiäinen, talven jälkeen kesä, yön mentyä koittaa aamu, ja erämaataipale tuo luvattuun maahan. Näin on elämässä laita. Jumalan säätämä rytmi pysyy alusta loppuun.

Ihminen kokee erilaisia vastuksia eri ikäkausina. Siirtyminen nuoruudesta vanhuuteen tapahtuu aikuisuuden ja keski-iän kautta, joilla kullakin on omat tunnuspiirteensä.

Kunnioita myös itseäsi Jumalan luomana ihmisolentona, jonka iankaikkinen henki asuu kuolevaisessa, vähitellen lakastuvassa ruumiissa. Nuoruuden kauneus muuttuu vanhuuden sisäiseksi ja ulkoiseksi viehätysvoimaksi. Jokainen elämän kausi on yhtä arvokas, eikä kenenkään elämä pääty kesken. Jumala säätää niin syntymisen kuin kuolemisenkin, eikä elämä lopu kuolemaan.

Kerran usko muuttuu näkemiseksi, ja silloin ymmärrys tulee täydelliseksi. Rukoile viisautta elämääsi jo nyt, niin koet siinä uudenlaista mielekkyyttä ja iloa.

Katsokaa Hänen tekojaan

Hänessä teillä on turva tuomiopäivänä ja kaikkina päivinänne. Hän on laskenut päivänne oikein eikä tee erehdystä yhdenkään kohdalla. Oppikaa Pojasta, joka asetti kaikkensa Isän tahdon alaiseksi, joka piti Hänestä huolen. Samoin Isä Jumala huolehtii jokaisesta luodustaan eikä pidä varpustakaan vähäpätöisenä. Sen jokainen siipisulka on taideteos, jota ihminen ei pysty aikaansaamaan.

Tutkikaa Jumalan tekoja ja nähkää niissä Hänen sormenjälkensä. Älkää olko sokeita ihmeille arkipäivän keskellä. Hengittäkää Hänen rakkauttaan ja kulkekaa Hänen armonsa valossa, niin näette paremmin kuin koskaan ennen. Ei Herra tahdo pitää teitä pimeässä eikä salata tekojaan yhdeltäkään, joka niihin haluaa tutustua. Jumalan tekoja on kaikkialla.

Riisuminen

Sinulta riisutaan pois omat vaatteet ja myös lainavarusteet, että olisit tyhjä ja avoin Jumalan edessä. Hänen rakastava katseensa näkee köyhyytesi ja puutteesi. Et kuitenkaan näänny vaivojen alle, vaan parannut ja rohkaistut voidaksesi auttaa muita.

Älä kompastu köynnöksiin, joita liehuu ympärillä, vaan pysy vankasti jaloillasi. Herra on auttajasi, eikä Hän ole kuuro rukouksille.

Lepää tässä olotilassa turvallisesti ja odota Herraa. "Ne, jotka Herraa odottavat, eivät joudu häpeään."

Avoin ovi
(Laulu 344)

Tuuli oven aukaisee,
aamu alas katselee.
Rusko maalaa väreillänsä
taulun korkeuteen.

Öiset varjot häviää.
Linnunlaulu herättää
uuden ilon sydämessä
– kuuntelemaan jään.

Ovi kun on auki vaan,
Luojaltani kaiken saan.
Kädestänsä tahdon ottaa
päivän kerrallaan.

Sanan kautta ja sen varassa

Saat selvyyden Raamatun sanan kautta. Tutki sitä rakentuaksesi ja rakentaaksesi muita. Hengellinen huone on Jumalan seurakunta maan päällä.

Pysy siinä, minkä olet oppinut, ja toimi sen mukaan, kuin uskoa on. Ei sinun tarvitse hosua umpimähkään, vaan pysy rukouksessa ja ehtoollisyhteydessä. Herra johdattaa sinua armonsa varassa.

Opi uskomaan näkemättä, niin näet enemmän. Ei ole yhtä tärkeää nähdä kuin uskoa. Muista, kuka on uskosi alkaja ja täyttäjä, äläkä huolehdi uskosi määrästä. Ei kukaan voi ottaa, ellei hänelle anneta ylhäältä.

Älä pelkää kutsumustasi. Elämäsi loppupuoli tulee olemaan kuin suuri seikkailu Jumalan valtakunnassa ja sen rajoilla. Henkivallatkin ovat teille alamaiset Jumalan nimen tähden. Älkää kuitenkaan siitä iloitko.

Kehottakaa toisianne rakkauden hyviin tekoihin. Armo lisääntyköön keskellänne. Jumala pitää sanansa, eikä armo lopu.

Tehkää Hänen ilonsa tiettäväksi kansojen keskuudessa ja nimensä suureksi Hänen tekojensa kautta. "Pysykää minussa, niin minä pysyn teissä."

Ihmeellinen Jumala

Ole kuuliainen kaikessa. Älä pelkää Pyhän Hengen vaikutuksia. Et ymmärrä, miten Henki toimii, mutta jos alistat tahtosi Jumalalle, joka sinut loi ja lunasti Jeesuksen Kristuksen työn kautta, ei sinun tarvitse tarkkailla itseäsi. Pysy Jumalan lapsena – siinä kaikki.

Tunne Pyhän Hengen läsnäolo vajavaisilla aisteillasi. Jumala voi käyttää niitä kaikkia, jos tahdot olla Hänen hallinnassaan. Henki, sielu ja ruumis ovat yksi kokonaisuus, ihminen, Jumalan kuva, johon Kaikkivaltias puhalsi elämän kipinän. Sitä ei ihminen pysty milloinkaan aikaansaamaan. Tiede voi vain avata kurkistusaukkoja Jumalan ihmeisiin Hänen sallimassaan määrin.

Loppuun saakka Jumala on ihmiselle suuri salaisuus. Kuitenkin Hän on ilmoittanut itsensä Jeesuksen Kristuksen kautta rakkautensa tähden.

Kaiken tietävä Jumala

Jumalan lampaat saavat laiduntaa turvallisesti ukkospilvenkin alla. Hänen pensaansa kasvavat karuissakin olosuhteissa, ja Hänen puunsa antavat varjon erämaan vaeltajille. Elävän veden lähde on ehtymätön, ja Herran voima kantaa heikotkin siivet perille saakka.

Älä jää hämmästelemään helteen ankaruutta, vaan kulje määrätietoisesti eteenpäin päivän matka kerrallaan. Älä takerru verkonsilmään, sillä voit turvallisesti kulkea siitä lävitse.

Pieni kala ui usein notkeammin kuin suuri, samoin kuin pieni vene pystyy etenemään karikkoisilla vesillä paremmin kuin valtamerilaiva, jolla ei pääse lähellekään rantaa.

Jumala ei pyyhi pois yhtään osaa suunnitelmastaan. Luota Hänen johdatukseensa ja armopäätöksiinsä. Älä pidä lukua omista vaivoistasi. Herra on laskenut pääsi hiuksetkin, eikö Hän tuntisi kaikkia ajatuksiasikin. Pidä vain huoli omista töistäsi, jotka olet lahjaksi saanut. Et tunne niiden arvojärjestystä, sillä Jumalan ajatukset eivät ole samoja kuin ihmisten. Ajattele itsenäisesti ja pyydä lisää ymmärrystä.

Saat voiman siihen mihin tarvitaan. Älä tuskaile etukäteen asioita, jotka ehkä eivät koskaan tapahdu. Herra on laskenut päiviesi luvun jo ennen kuin synnyit. Hän on kaikkitietävä ja kaikkinäkevä.

Sanassa on voima

Kuuntele Herran, Jumalasi ääntä äläkä laske omia sydänääniäsi. Herran neuvo on kallis, älä hukkaa sitä ihmisviisauteen. Jumalan sana on lääke sekä sielulle että ruumiille, sillä sanassa on Jumalan voima.

Sinun Lunastajasi elää ja vaikuttaa. Armo ei ole loppunut sinunkaan kohdaltasi. Tartu kiinni iankaikkiseen elämään ja pysy seurakuntayhteydessä. Käske vihollisen vaieta ja mennä pois.

Saatana jätti Jeesuksen ajaksi rauhaan, kun Jeesus ei suostunut sen houkutuksiin. Kaikki, mikä on kirjoitettu, on tarkoitettu opiksi ja esimerkiksi. Herran pyhä sana ei koskaan petä eikä anna vääriä ohjeita. Jumala on uskollinen lupauksissaan.

Älä siirrä vanhaa rajaa, vaan pysy paikoillasi, siinä missä olet. Parempi on asua Jumalan huoneen kynnyksellä kuin jumalattomien majoissa. Hyökkäysten täytyy tulla, mutta Kristus suojaa omansa, eikä pilkka heihin satu.

Pyhittäkää Kristus sydämissänne. Älkää tuhlatko Jumalan aarteita maailman vaihtotoreilla, vaan kootkaa aarteita taivaaseen.

Kuka on sinun Jumalasi?

"Sillä jos me tahallamme teemme syntiä, päästyämme totuuden tuntoon, ei ole enää uhria meidän syntiemme edestä." (Hebr. 10:26)

"Ja jokainen, joka on lupunut taloista tai veljistä tai sisarista tai isästä tai äidistä tai lapsista tai pelloista minun nimeni tähden, on saava monin verroin takaisin ja perivä iankaikkisen elämän." (Matt. 19:29)

Kuka on sinulle ensimmäinen? Onko sinun Jumalasi taivaassa vai maan päällä? Jumalan sana lupaa: "Etsikää ensin Jumalan valtakuntaa ja Hänen vanhurskauttaan, niin myös kaikki tämä teille annetaan." Kiinnitä huomiosi lauseen alkuosaan ja toimi sen mukaan. Jumala tahtoo ensisijaisesti kuuliaisuutta sanalleen. "Ole kuuliainen kuolemaan asti, niin minä annan sinulle elämän kruunun."

Ruostumaton aarre

Säv. ja san. Terttu Lajunen

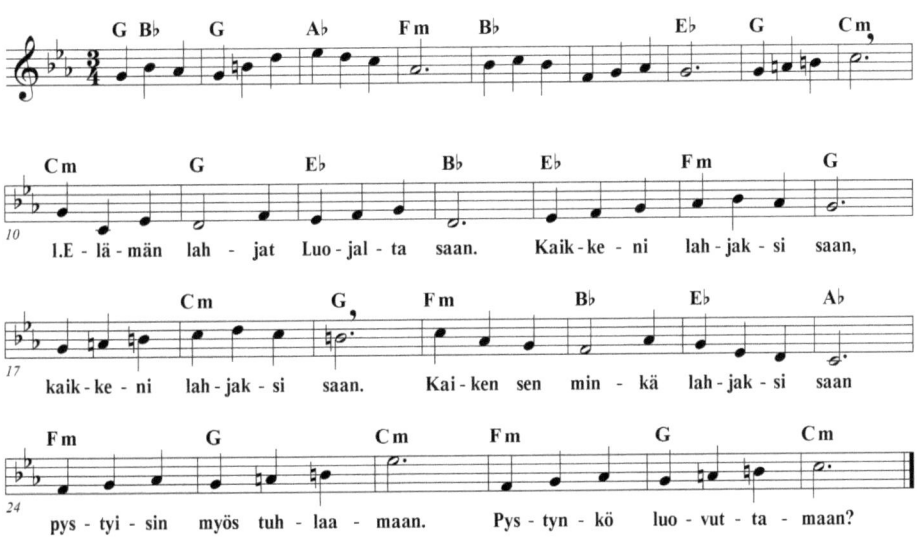

1.E - lä - män lah - jat Luo - jal - ta saan. Kaik - ke - ni lah - jak - si saan,

kaik - ke - ni lah - jak - si saan. Kai - ken sen min - kä lah - jak - si saan

pys - tyi - sin myös tuh - laa - maan. Pys - tyn - kö luo - vut - ta - maan?

1
Elämän lahjat Luojalta saan
//Kaikkeni lahjaksi saan.//
Kaiken sen minkä lahjaksi saan
pystyisin myös tuhlaamaan.
Pystynkö luovuttamaan?

2
Ruostuvat aarteet talletetaan
//ajaksi aittoihin maan.//
Muistanko, missä aarre se on,
joka on ruostumaton,
aarteeni ruostumaton?

La 31.10.2015, nro 2501

Etsi johdatusta Raamatusta

Kulje Herran johdatuksessa, niin olet hyvässä turvassa. Ei Hän jätä neuvojaan hämärän peittoon, vaan ohjaa konkreettisesti siihen, mikä on Hänen sanansa mukaista. Jumalan sana on vahva turva suurimmassakin hädässä. Pidä Herran neuvo etusijalla elämässäsi. Tiedät, mistä sen saat.

Hesekiel 9

Herran voideltujen otsamerkki ei himmene, mutta heidän sanojensa on oltava terävän miekan kaltaisia, niin että ne mahtuvat ytimen ja kuoren väliin. Jumala pitää sanansa puhtaana niiden suussa, jotka pyytävät puheensa Herralta. Ei Herra jätä heitä sanattomiksi silloin, kun Hänen neuvoaan tarvitaan. Muulloin on parasta odottaa.

Älä ihmettele Hänen vaikenemistaan, jos neuvo on tiedossasi jo Raamatun sanan perusteella, sillä Raamatun tulee olla ensisijainen johdattaja. Jumala puhuu suoraan totuuden sanoja, ja Raamattu kattaa kaiken tarpeellisen. Vertaa sitten olosuhteita ja sisäistä näkemystäsi Raamatun sanan neuvoon ja rukoile sen kaiken pohjalta taivaallista Isääsi, joka kuulee, kun vilpittömästi Häntä lähestyt. Ei Jumala kiellä apuaan ja johdatustaan.

Hän tuntee sinut

Herra parantaa sinut. Sitoo sielusi haavat rakkauden siteillä ja voitelee lupausten hunajalla. Hän lääkitsee sillä lääkkeellä, jota taivaan mehiläiset kokoavat Herran puutarhan kauneimmista kukista. Näiden kukkien tuoksusta Jumalan lapsi tuntee aavistuksen silloin, kun hän hengittää syvään sanan salaisuuksia ja elää niistä.

Herra ei pane enää kärsittäväksesi yhtään niistä vitsauksista, joilla uhkasi egyptiläisiä ja jotka hän myös toteutti heidän tottelemattomuutensa tähden. Ainoastaan pelkää Jumalaa ja pidä Hänen käskynsä pyhinä, niin sinä menestyt, samoin ne, jotka ovat kanssasi. Ei Herra muistele syntejäsi, vaan Hän on ne peittänyt verellä, joka on vuodatettu lunastukseksi kaikista synneistä Hänen Poikansa ristinkuolemassa.

Herra ei ole armoton niin kuin käskynhaltija, joka kosti alaiselleen pahalla sen hyvän, minkä oli saanut lahjaksi isännältään. Jumala ei pane ketään paljon haltijaksi, ennen kuin tämä oppii osoittamaan armoa lähimmäisilleen. Ja lähimmäinen on hänelle jokainen, joka maan polkuja kulkee, elää ja hengittää samaa ilmaa, ikään, sukupuoleen ja ihonväriin katsomatta.

Nielaise alas se pala, joka on kurkkuusi juuttunut. Se estää sinua hengittämästä vapaasti, niin että olet sininen raittiin ilman puutteesta. Epäpuhdas ilma on pakkautunut jokaiseen keuhkorakkulaasi, niin että pian tukehdut, ellet saa apua. Jumala on ojentanut kätensä korkeudesta puoleesi ja on valmis vetämään sinut ylös suonsilmäkkeestä, johon olet vajonnut. Tarvitaan vain kädenojennus sinun puoleltasi, edes pikkusormen oikaiseminen hyvälle Jumalalle. Armo kantaa sinut voimakkailla siivillä pois suoalueelta ja laskee lujalle maalle, missä saat levätä pois väsymyksesi.

Paljon olet pyristellyt Jumalaa vastaan, räpiköinyt kuin avuton linnunpoika, jonka märät siivet eivät vielä kanna. Tiedätkö, että saatat olla joutsen ankkatarhassa. Et tunne omaa olemustasi niin hyvin, kuin Luojasi sinut tuntee. Hän näkee jokaisen kromosomin sukusoluissa, myös siinä, josta sinä sait alkusi.

Ole turvallisella mielellä. Ei mikään ole tapahtunut sattumalta, vaan sallimuksesta. Paljon olet aiheuttanut sekaanusta lähimpiesi parissa, mutta Herra korjaa erehdyksiäsi kaiken aikaa. Lakkaa jo peukaloimasta elämää omin käsin äläkä leiki kohtaloa. Sellainen on hyvin kohtalokasta ennen kaikkea itsellesi.

Paljonko annat arvoa Hänen rakkaudelleen? Joskus et ole arvostanut sitä höyhenen vertaa. Älä viskaa kultaharkkoa roskakoriin äläkä heittele ihmisiä niin kuin rukkasia, sillä he ovat yhtä arvokkaita kuin sinäkin. Jumala korjaa talteen poisheitetyt, nostaa alaspainetut ja virvoittaa kuoliaiksi pahoinpidellyt uudella tavalla. Hän rakastaa hyljättyjä, mutta vihaa hylkäämistä. Katso ja ihmettele, mitä Herra tekee sinulle ja muille – ja tämä on vasta Hänen tekojensa alkua.

Jumala on puuttunut asioihin. Jokainen tulee vuorollaan koetelluksi. Niin kuin sinä olet tehnyt, niin sinulle tehdään. Herran siunaus on ainoa, mikä tekee rikkaaksi, eikä tämä aina tarkoita vain hengellistä rikkautta.

Tavoittele sitä, mikä ylhäällä on. Vain se on tavoittelemisen arvoista. Pyyhi pois roskat huoneesi lattialta. Viskaa murenevat harkkosi joen kivien joukkoon, niin saat tilalle puhdasta kultaa. Vaihda kolikkosi aarteisiin, niin et häviä.

Hyvillä uutisilla on kiire tulla kerrotuksi. Älä viivyttele, vaan mene sinne, minne Herra sinut lähettää. Älä epäile jalkojesi kantavuutta, kun olet Hänen asiallaan. Juuri sinua Hän tarkoittaa.

Rakkauden mitalla

Jumala on maallisten murheiden ja melskeiden yläpuolella. Hän katsoo taivaasta alas ja tuntee kaukaa jokaisen, joka Häntä etsii. Autuaita ovat murheelliset, sillä he saavat lohdutuksen.

Herran sana on jo liikkeellä niitä kohti, jotka Häntä lähestyvät. Lähestykää Jumalaa, niin Hän lähestyy teitä. Etsikää Häntä täydestä sydämestä, sillä Hän tahtoo koko ihmisen. Ei mikään uhraus ole liian suuri Hänen aarteidensa osallisuudesta. Aseta kaikki, mitä sinulla on, omaan vaakakuppiisi, niin sinulle mitataan ruhtinaallisesti Jumalan kädestä Hänen hyvyyttään.

Ei Hän mittaa teille ansionne mukaan, vaan armosta. Hänen hyvyydelleen ei ole mittaa olemassa. Mitä voitte antaa Hänen rakkautensa lunnaiksi? Oma henkennekin olisi vain tuulenhenkäyksen arvoinen avaruuteen puhallettuna, mutta kuitenkin Hän on kohottanut teidät autuaalliseen arvoon, oman Poikansa veroisiksi, sillä Kristus on kantanut maailman synnin.

Uhraa henkesi, jos Hän sen haluaa, sillä sinä saat sen jälleen. Ei mikään ole liian arvokas maksu Hänen lahjastaan, ja kuitenkaan Hän ei vaadi teiltä mitään. Kaikki on teille ilmaista rakkauden lahjaa. Jos jotakin annat, anna se vapain sydämin, ja pidä etuoikeutena, jos saat kärsiä Hänen tähtensä. Silloin Jumalan kirkkaus lepää ylläsi.

Usko sielusi Jumalan käteen ja anna Hänelle kaikki halusi ja toiveesi. Ajattele Hänen ajatuksiaan, puhu Hänen sanojaan ja laula Hänen laulujaan. Kaikki, minkä Jumala on luonut, on hyvää, kun se kiitoksella otetaan vastaan, ja se pyhitetään Jumalan sanalla ja rukouksella. Ei Jumala ole luonut sinua saastaisuuteen, vaan pyhitykseen. Pidä aina loukkaamaton omatunto Jumalan ja ihmisten edessä.

Rukoile ja tee työtä omalla paikallasi. Hän ojentaa sinulle aurankurjen ja kehottaa ottamaan kiinni kaksin käsin. Pidä lujalla otteella, ettei vihollinen saa sitä sinulta irrotetuksi. Se yrittää kääntää huomiosi pois siitä, mikä on tärkeää Jumalan edessä, ja koettaa häiritä rauhaasi. Älä lankea ilmiselvään ansaan, tunnethan nämä juonet.

Katso Kristukseen. Hän on työnantajasi ja Mestarisi. Hän on työsi alkaja, täyttäjä ja päättäjä. Ja kun veneesi on saapunut toiselle rannalle, kiität myrskyn asettajaa, jonka ansiosta kurssi piti karikkoisella väylällä.

Ole uskollinen, sillä Hänkin on uskollinen. Pidä Hänen sanaansa mittanasi, ja myös Hän on sanansa mittainen. Muita mittoja et tarvitsekaan. Hengellinen laki sisältää myös maallisen elämän ohjeet, ja Hänen lakinsa on kirjoitettu ihmissydämiin.

Tule, Pyhä Henki

Säv. ja san. Terttu Lajunen

1

Tule, Pyhä Henki, mieleen rauha tuo.
Keskellemme uutta yhteyttä luo.
Jeesus, anna meille hengen vapaus.
Sanojesi mukaan täytä lupaus.

3

Tule, Pyhä Henki, köyhään sydämeen.
Kanssasi voin ottaa uuden askeleen.
Vierelläni kulje, lähelleni jää.
Valollasi ohjaa tietä pimeää.

2

Lämpöäsi anna kylmään sydämeen.
Pimeästä kanna taivaan kirkkauteen.
Suruhuoneisiimme lohdutusta tuo.
Enkeleitä anna kärsivien luo.

4

Maahan painetuille anna vapautus,
pelon saartamille uusi rohkeus.
Ilon siemenistä kukat kasvata.
Armon runsaudesta malja ojenna.

5

Katseen anna nousta maasta marraskuun.
Jossain versoo oksa pystyyn kuolleen puun.
Tule, Pyhä Henki, keskellemme jää.
Erämaahan anna uutta elämää.

Julkaistu kirjassa Laululintu 1, Pietari v. 1999,
sanat myös venäjäksi, s. 52